BEI GRIN MACHT SICH IHR WISSEN BEZAHLT

- Wir veröffentlichen Ihre Hausarbeit, Bachelor- und Masterarbeit

- Ihr eigenes eBook und Buch - weltweit in allen wichtigen Shops

- Verdienen Sie an jedem Verkauf

Jetzt bei www.GRIN.com hochladen und kostenlos publizieren

Bibliografische Information der Deutschen Nationalbibliothek:

Die Deutsche Bibliothek verzeichnet diese Publikation in der Deutschen Nationalbibliografie; detaillierte bibliografische Daten sind im Internet über http://dnb.d-nb.de/ abrufbar.

Dieses Werk sowie alle darin enthaltenen einzelnen Beiträge und Abbildungen sind urheberrechtlich geschützt. Jede Verwertung, die nicht ausdrücklich vom Urheberrechtsschutz zugelassen ist, bedarf der vorherigen Zustimmung des Verlages. Das gilt insbesondere für Vervielfältigungen, Bearbeitungen, Übersetzungen, Mikroverfilmungen, Auswertungen durch Datenbanken und für die Einspeicherung und Verarbeitung in elektronische Systeme. Alle Rechte, auch die des auszugsweisen Nachdrucks, der fotomechanischen Wiedergabe (einschließlich Mikrokopie) sowie der Auswertung durch Datenbanken oder ähnliche Einrichtungen, vorbehalten.

Impressum:

Copyright © 2018 GRIN Verlag
Druck und Bindung: Books on Demand GmbH, Norderstedt Germany
ISBN: 9783668756489

Dieses Buch bei GRIN:

https://www.grin.com/document/433790

Christine Mitsch

Intelligente Roboter in der Medizin. Werden wir bald von Doktor Terminator behandelt?

GRIN Verlag

GRIN - Your knowledge has value

Der GRIN Verlag publiziert seit 1998 wissenschaftliche Arbeiten von Studenten, Hochschullehrern und anderen Akademikern als eBook und gedrucktes Buch. Die Verlagswebsite www.grin.com ist die ideale Plattform zur Veröffentlichung von Hausarbeiten, Abschlussarbeiten, wissenschaftlichen Aufsätzen, Dissertationen und Fachbüchern.

Besuchen Sie uns im Internet:

http://www.grin.com/

http://www.facebook.com/grincom

http://www.twitter.com/grin_com

Intelligente Roboter in der Medizin – werden wir bald von Doktor Terminator behandelt?

Christine Mitsch

Fachbereich Elektrotechnik und Informatik, Fachhochschule Lübeck

Inhaltsverzeichnis

Zusammenfassung 2

1   Einleitung 2

2   **Begriffsabgrenzung und Anfänge** 3

2.1   Anfänge der künstlichen Intelligenz 4

2.2   Anfänge der (Medizin-)Robotik 4

3   **Aktueller Stand der Forschung** 5

3.1   Einsatz intelligenter Roboter im Gesundheitswesen 6

3.2   Vorteile intelligenter Medizinrobotik 7

4   **Akzeptanz der KI im Gesundheitswesen** 8

5   **Ethische Fragestellungen** 9

6   **Zukunftsausblick** 10

Literaturverzeichnis 11

Zusammenfassung

Die jüngsten Entwicklungen im Bereich der künstlichen Intelligenz (KI) zeigen uns fast tagtäglich, dass nichts unmöglich ist und dass Filme wie Ex Machina, Transcendence oder Terminator nicht mehr nur Zukunftsvisionen entstanden aus besonders kreativen Köpfen sind. Im Expertenumfeld scheiden sich die Geister: die einen warnen vor den Auswirkungen der KI, die anderen sehen darin eine Chance auf ein besseres Leben. Der Medizinsektor ist dabei einer der wichtigsten Sektoren für technische Innovationen, so auch für intelligente Roboter und Androiden. Eine Gratwanderung zwischen Ängsten und Euphorie.

1 Einleitung

Symptome googeln, online einen Termin beim Arzt ausmachen, Erste Hilfe per YouTube-Video lernen oder den Puls mit der Smartwatch messen gehören zu den Dingen, die heutzutage kaum noch wegzudenken sind. Intelligente Technik befindet sich in ständigem Wachstum. Das Gebiet der künstlichen Intelligenz (KI) und der Robotik ist auf dem Vormarsch und boomt durch viele Branchen hindurch. Experten aus dem Bereich nennen sie „Schlüsseltechnologie", auf die Vorreiter wie Google, Apple und Amazon schon lange zählen. Die Google-Duplex-Präsentation von Sundar Pichai hat uns bereits gezeigt, dass intelligente Sprachassistenten durchaus in der Lage sind, reale Konversationen zu führen. Diese Entwicklung führte allerdings zu gewissen Zweifeln und Gegenstimmen, sogar zu Angst vor kriminellem Missbrauch. Tesla-Chef Elon Musk, Apple-Mitbegründer Steve Wozniak und Physiker Stephen Hawking warnten bereits mehrfach vor den Gefahren künstlicher Intelligenz (Gerstl, 2018). Sie sei der Grund für einen bevorstehenden Dritten Weltkrieg und führe letzten Endes zur technologischen Singularität, also dem Zeitpunkt in der Zukunft, an welchem die Computer intelligenter sein werden als die Menschen (Kurzweil, 2005).

Auch der der Medizinsektor erlebt derzeit eine starke Digitalisierung. Pflegeroboter ziehen in Altenheime ein, unterstützen demenzkranke Patienten und autistische Kinder (Schneider, 2018). Daneben werden intelligente Roboter auch bei Operationen, Rehabilitation, Pharmazie oder Telemedizin eingesetzt. Durch diagnostische bildgebende Maßnahmen (Kaplan, 2017), Data Mining (Hoyt, Snider, Thompson, & Mantravadi, 2016) und Deep Learning (McConnell, 2018) werden bereits Algorithmen aus dem Bereich der künstlichen Intelligenz eingesetzt, um Patienten und Fachpersonal zu unterstützen. Sowohl ethische, als auch sicherheitstechnische

Aspekte gilt es hierbei zu klären. Einerseits müssen Roboter mit sensiblen Patientendaten umgehen, andererseits ist es fraglich, ob sie menschlichen Bedürfnissen nachkommen können. Welche Rolle spielen heute der Turing-Test und Uncanny Valley? Verabschiedet sich unser Hausarzt in Zukunft mit den Worten „Hasta la vista, baby"? Oder werden wir gar von selbstregenerierenden Cyborgs ersetzt?

2 Begriffsabgrenzung und Anfänge

Genaue Definitionen zu künstlicher Intelligenz lassen sich nicht treffen, da der Begriff der Intelligenz selbst nicht eindeutig beschrieben werden kann. Unterschiedliche Definitionen tendieren allerdings zu der Erklärung, mit Computerprogrammen ein nahezu menschliches Verhalten zu erzeugen, welches als intelligent aufgefasst werden kann. Nach KI-Gründervater John McCarthy ist künstliche Intelligenz „die Wissenschaft und Technik, intelligente Maschinen, insbesondere Computerprogramme, zu bauen." (McCarthy, 2007).

Der Begriff Roboter stammt aus dem tschechischen und bedeutet so viel wie Frondienst oder Zwangsarbeit (Roboter, o.J.). Robotik, oder Robotertechnik bezeichnet dabei das Wissensfeld der Roboter und ihrer Technik (Robotik, o.J.). Sie beschreibt Entwurf, Gestaltung, Steuerung, Produktion und Betrieb von Robotern. Dabei können Roboter in verschiedenen Ausführungen auftreten, wie etwa Nano-, Hard- und Softwareroboter oder humanoide Roboter. Sie vereint Lehren aus Maschinenbau, Elektrotechnik und Informatik mit den Kernaussagen der Mensch-Maschine-Interaktion, Psychologie, Soziologie und Philosophie und ist in vielen Gebieten der Forschung, Wirtschaft und Gesellschaft von Bedeutung. (Bendel, 2018)

Bevor auf den aktuellen Stand der Forschung zu intelligenter Medizinrobotik eingegangen wird, sollen zunächst die Anfänge der künstlichen Intelligenz und der (Medizin-)Robotik getrennt betrachtet werden.

2.1 Anfänge der künstlichen Intelligenz

Seit den 50er Jahren beschäftigen sich die Menschen mit der Erschaffung von KI und der Frage, ob Maschinen in der Lage sind zu denken, zu entscheiden und zu empfinden. Alan Turing formulierte 1950 einen Test zur Ermittlung der Intelligenz einer Maschine (Turing, 1950). Wenn als Ergebnis des Tests nicht klar unterschieden werden kann, ob es sich bei dem Gegenüber um einen Menschen oder eine Maschine handelt, so hat die Maschine den Test bestanden und verfügt offenbar über eine dem Menschen gleichgestellte Intelligenz. Obwohl Zweifel daran bestehen, ob der Test wirklich Aussage über die Intelligenz einer Maschine treffen kann, hat bis heute keine den Turing-Test vollständig bestanden.

In den Folgejahren wurde der Begriff der künstlichen Intelligenz, unter anderem durch Informatik-Pionier Joseph Weizenbaum geprägt. Er entwickelte in den 60er Jahren ein Programm namens ELIZA (Weizenbaum, 1966) für eine oberflächlich simulierte Psychotherapie in natürlicher Sprache. Diese erschien den Gesprächspartnern jedoch nur kurzzeitig menschlich, da sie lediglich auf einzelne Begriffe einging, ohne den Zusammenhang des Gesprächs in den Antwortkontext einzubeziehen.

Die Fortschritte in der KI-Forschung beschleunigten sich erst in den späten 90er Jahren, da die Anwendung der KI für reale Probleme und sinnvolle Anwendungsgebiete mehr in den Fokus rückte (Scherk, Pöchhacker-Tröscher, & Wagner, 2017). Als Meilenstein in der Geschichte der KI gilt der Sieg der von IBM entwickelten Schachmaschine *Deep Blue*, die 1997 in einem offiziellen Turnier den Schachweltmeister Garry Kasparov bezwang (IBM, o. J.).

2.2 Anfänge der (Medizin-)Robotik

Ein wesentlicher Aspekt der Anwendung von künstlicher Intelligenz in der realen Welt stellt die Robotik dar. Sie verhilft der KI zu mehr Autonomie und damit besserer Interaktion mit dem Menschen. Die Anfänge der Robotik sind tief in der Geschichte verankert. So wurden bereits in der Antike Versuche mit Automaten gestartet. Die automatisierten Erfindungen wie mechanische Enten oder ferngesteuerte Fahrzeuge reichten von da an bis ins 19. Jahrhundert. Isaac Asimov, Biochemiker und Autor, machte den Begriff der Robotik durch seine drei Robotergesetze 1942 populär. In den darauffolgenden Jahren ergänzten die Prinzipien der Kybernetik die Roboter um die Eigenständigkeit. (STANDARD Verlagsgesellschaft mbH, 2016) Gerade Deep Blues Sieg im Schach beflügelte die Idee der Kombination von Robotik mit künstlicher Intelligenz (Manhart, 2018).

Auch die Idee der Medizinrobotik entsprang nicht erst der Science-Fiction aus den 70ern. Bereits Hippokrates schätzte in seinem *Corpus Hippocraticum* den Wert technischer Apparaturen, die Ärzte unterstützen sollten. Die Idee, Roboter tatsächlich in der Medizin einzusetzen, festigte sich allerdings erst in der zweiten Hälfte des 20. Jahrhunderts. (da Rosa, 2013) So entwickelte IBM zusammen mit Forschern der Universität Kalifornien 1986 ein chirurgisches Robotersystem *ROBODOC*, das für Hüftoperationen eingesetzt werden und dabei Präzision neu definieren sollte. Diesem gelang 1992 der Durchbruch als erstes Robotersystem, das bei einer Operation am Menschen assistierte. (THINK Surgical, Inc., o.J.) Ab 2005 gerieten schließlich (semi-)autonome Serviceroboter in den Fokus der Forschung, die ab 2010 damit begannen, sich durch komplexe Machine Learning Algorithmen selbstständig neues Wissen anzueignen und Lösungen für neue Probleme zu errechnen (Manhart, 2018).

3 Aktueller Stand der Forschung

Heute führt KI beinahe selbstverständlich Telefongespräche mit Menschen und ist in vielen Haushalten als Sprachassistent Alexa oder Google Home präsent. Die KI ist also bereits fest verankert in der Gesellschaft und im Alltag. Kaum ein Unternehmen verzichtet darauf, diesen oder einen Teilbereich dessen abzudecken. Großkonzerne wie IBM, Google, Apple, Amazon und Facebook zählen auf die künstliche Intelligenz und bringen regelmäßig neue Features auf den Markt. In der Medizinbranche allerdings konkurrieren derzeit in Sachen KI Jungunternehmen, bzw. Start-Ups stark mit den großen Konzernen (Pohlgeers, 2018). Dem Expertensystem IBM-Watson gelang es, eine Fehldiagnose der Ärzte zu korrigieren und rettet damit sogar Leben (Locker, 2016).

Abbildung 1: Der humanoide Roboter Pepper von SoftBank (Quelle: https://dvsignage.com/future-tech-now-2018)

Des Weiteren unterstützen uns heute bereits zahlreiche Serviceroboter täglich im Alltag, z.B. als Staubsauger- oder Rasenmäher-Roboter, oder werden als Drohnen für Hobby oder Militär eingesetzt. Intelligente humanoide Roboter wie NAO und Pepper finden immer häufiger Platz in der Welt. NAO ist der erste humanoide Roboter der Firma SoftBank und wurde seit der Veröffentlichung 2006 Zehntausendmal weltweit verkauft. Er ist leicht zu programmieren und wird in der RoboCup-Fußball-Weltmeisterschaft eingesetzt, sowie als Rezeptionist und Concierge in einem Hotel (SoftBank Robotics Corp., o.J.).

3.1 Einsatz intelligenter Roboter im Gesundheitswesen

Der Walt-Disney-Film Baymax aus dem Jahr 2014 macht es vor: ein rundlicher, sympathisch anmutender Roboter übernimmt die Funktion eines Gesundheitsbegleiters und informiert den Besitzer regelmäßig über dessen Gesundheitszustand, reagiert auf Emotionen, lernt und entwickelt eine eigene Persönlichkeit. Weit hergeholt ist die Vision des autonomen Roboters nicht: der humanoide Roboter-Gefährte Pepper (Abbildung 1), der menschliche Emotionen verstehen und Empathie simulieren kann (SoftBank Robotics Corp., 2015), wird aktuell in deutschen Pflegeheimen eingesetzt. Er schickt Daten mit Vitalwerten wie Herzfrequenz oder Blutzucker, die er via Smartwatches an den Handgelenken der Bewohner erhält, an den Pflegestützpunkt. Bei Auffälligkeiten stellt Pepper einen Videoanruf zum betreuenden Kardiologen her. In erster Linie dient der Roboter allerdings der Kommunikation, Beschäftigung der Patienten und Entlastung des Pflegepersonals. Körperliche Funktionen bedürfen allerdings weiterhin einer menschlichen Fachkraft, um den zwischenmenschlichen Bedürfnissen der Patienten gerecht werden zu können. In Japan dagegen wurden seit Release etliche Exemplare des Roboters in private Haushalte verkauft, da dort ein hoher Mangel an geeigneten Pflegemöglichkeiten für Senioren, sowie eine höhere Akzeptanz gegenüber technologischer Innovationen herrscht. (Wadenka, 2018)

Ein weiterer autonomer Roboter transportiert in amerikanischen Kliniken Medikamente, Essen und Zubehör durch die Gänge und Etagen und weicht dabei selbstständig Hindernissen aus (Vaske, 2017). Doch wie sieht es im Hinblick auf den tatsächlichen menschlichen Kontakt? In der Tat werden Roboter in immer mehr OP-Sälen zu chirurgischen Zwecken eingesetzt. Hierbei handelt es sich allerdings um Assistenzsysteme für Ärzte und Fachpersonal, die sogenannte Telerobotik (Fröhlich, o.J.). Der Zweifel an deren künstlicher Intelligenz ist hierbei berechtigt, werden sie lediglich durch den Arzt gesteuert und verfügen über keine eigenständigen Lösungsstrategien oder autonomes Handeln.

Dagegen wurden am Max-Planck-Institut für intelligente Systeme in Stuttgart Milliroboter entwickelt, die durch den menschlichen Körper wandern sollen. Sie verfügen über ein weiches Äußeres und magnetische Partikel. Dadurch können sie springen, rollen, krabbeln und schwimmen, sowie Objekte greifen, transportieren und ablegen und damit problemlos durch den Körper bewegt werden. Ziel ist es, Medikamente gezielt dorthin zu bewegen, wo sie benötigt werden. (Behringer, 2018)

3.2 Vorteile intelligenter Medizinrobotik

Therapie- und Pflegeroboter können durch ihre ständige Verfügbarkeit Personal in der Kranken- und Altenpflege entlasten. Gleichzeitig stehen sie den Patienten für Rückfragen und Unterhaltungen zur Verfügung. Sie erfüllen zwar (noch) nicht alle Funktionen, die ein menschlicher Pfleger einem Patienten entgegenbringen kann, doch sind sie dazu in der Lage, Aufgaben zu erledigen, die nicht direkt in den Aufgabenbereich des Personals fallen. Dazu gehören beispielsweise simple Funktionen wie Entgegennehmen, Transportieren und Ablegen von Objekten oder auch das Auswerten von Daten und Verteilen von Information.

Unterstützt durch intelligente Expertensysteme, wie IBM Watson, kann KI Symptome schnell in Diagnosen errechnen, Fehler ausbessern und Leben retten. Am Beispiel des Roboters Eve von der Universität Cambridge können sogar neue Medikamente für schwerwiegende Krankheiten entdeckt werden. Eve geht immer nach dem selben Schema vor: testen, beobachten, experimentieren, interpretieren und Hypothesen ändern. Dadurch entdeckte der Roboter, dass ein Bestandteil von Zahnpasta namens Triclosan wirksam gegen Malariaparasiten ist (Oliver, 2018).

4 Akzeptanz der KI im Gesundheitswesen

Studien haben gezeigt, dass sich vier von zehn der befragten Deutschen tatsächlich vorstellen können, zu einem intelligenten Roboter-Doktor zu gehen. Voraussetzung dabei ist allerdings, dass der Robo-Doc deutlich schneller und effizienter arbeiten kann, als ein menschlicher Arzt. Ganze 64% der Befragten glauben sogar, dass Roboter und künstliche Intelligenz die Medizin verbessern. Dabei stehen jüngere Befragte (18- bis 44-Jährige) dieser Idee weitaus offener entgegen als die ältere Bevölkerung. Diese Akzeptanz variiert des Weiteren je nach zu behandelnder Krankheit. Geht es um Überwachung des Herzens, Erfassung von Symptomen oder individueller Beratungen, scheint sich die Mehrheit bei dem Gedanken des Robo-Docs sicher zu fühlen. Handelt es sich bei der Behandlung allerdings um Körperkontakt in Form von Spritzen, Blutproben nehmen, Wunden nähen oder sogar der Durchführung allgemeiner Pflegeleistungen während einer Schwangerschaft, sinkt das Vertrauen stark ab. Roboter-Hebammen werden gänzlich abgelehnt und ganze 25% der Befragten entscheiden sich klar gegen jegliche Art der Betreuung durch einen Roboter-Doktor. Größere Operationen wie die Entfernung eines Tumors oder eine Herz-OP sehen die meisten lieber in den kompetenten Händen eines menschlichen Facharztes. Viele äußern die Furcht, dass der Roboter nur nach Plan funktioniert und bei Komplikationen ausfällt. (Burkhart, 2017)

Ein weiterer Punkt bezüglich der Akzeptanz der wachsenden Digitalisierung und Robotisierung der Gesellschaft stellt der Wegfall von Arbeitsplätzen für den Menschen dar. Carl Benedikt Frey und Michael Osborne veröffentlichen eine Studie über die mehr oder weniger nahe Zukunft der Arbeitswelt. Diese besagt, dass etwa die Hälfte aller Arbeitsplätze der Welt bald durch Roboter ersetzt werden würden (Frey & Osborne, 2017). Bereits heute wurden Stellen mit dem intelligente IBM Watson-System ausgetauscht (Welter, 2017). Einer Umfrage zufolge befürchten 29% der Befragten in Deutschland ihren Arbeitsplatz an Robotik zu verlieren (LivePerson, 2018).

5 Ethische Fragestellungen

Die technologische Singularität ist der Zeitpunkt in der Zukunft, an welchem die Computer intelligenter sein werden als die Menschen (Kurzweil, 2005). Dies klingt nach einem interessanten, wenn auch furchteinflößenden Moment in der zukünftigen Geschichte der Menschheit. Betrachtet man die in zahlreichen Science-Fiction-Filmen thematisierten möglichen Gefahren, sollten gewisse Gesetzmäßigkeiten und Vorsichtsmaßnahmen getroffen werden, um das Überleben der menschlichen Spezies zu sichern und die Kontrolle über eigene Schöpfung zu bewahren. Die Intelligenz der Roboter sollte allein als Werkzeug und Unterstützung des Menschen und Verbesserung des eigenen Lebens genutzt werden. Eine Expertengruppe der Firma Microsoft setzt sich mit dem Thema der ethischen Grenzen der KI auseinander (Voß, 2018). Dabei sollte sicherlich die menschliche Ethik nicht der eines Programms entsprechen und sich in gewissen Themen unterscheiden. Offenheit und Transparenz stehen im Mittelpunkt der Diskussion. Der Mensch muss sicher sein, was die KI von ihm lernt und wohin sie sich entwickelt.

Roboter Sophia, ein von der Firma Hanson Robotics entwickelter intelligenter Gynoide (weiblicher Humanoide), „scherzt" regelmäßig über die Übernahme der Weltherrschaft durch die Roboter. Aufgrund ihrer Fähigkeit, menschliche Mimik und Gestik zu imitieren und aus Interaktionen mit Menschen zu lernen, wirkt sie auf die Zuschauer häufig unheimlich (Hanson Robotics, 2017). Tatsächlich ist nicht hundertprozentig klar, ob es sich dabei um den Humor der Hersteller handelt, oder um ein tatsächlich angeeignetes Verständnis von Witz im Hinblick auf ein sensibles Thema. Fraglich ist, ob sich dadurch eher eine Abwehrhaltung oder eine gewisse Lockerheit der Menschen gegenüber der intelligenten Roboter einstellen wird.

Gravierende Sicherheitslücken im System des Roboters Pepper zeigten sich bereits und können laut Forschern der Universitäten Schweden und Dänemark zu gefährlichen Konsequenzen führen. Pepper erlaubt den Zugriff als nicht authentifizierter Root, kann über unverschlüsseltes HTTP remote administriert werden und besitzt eine veraltete Software. Er kann daher leicht gehackt werden, zu Spionagezwecken per Kamera missbraucht werden und Menschen durch abrupte Bewegungen sogar verletzen. Daneben ist der Roboter anfällig für Spectre- und Meltdown-Angriffe. (Bünte, 2018) Der sichere Umgang mit sensiblen Patientendaten, sowie Patienten selbst und auch in anderen Bereichen wie Banken, Flughäfen und Hotels, kann dadurch nicht gewährleistet werden. Bei Einsätzen intelligenter Roboter in der Medizinbranche ist daher erhöhte Vorsicht geboten. Die Konsequenzen des Missbrauchs bei OP-Robotern kann möglicherweise lebensgefährlich werden.

6 Zukunftsausblick

Die medizinische KI steht noch in ihren Kinderschuhen, stellt allerdings ein vielversprechendes Mittel dar, um die Medizinbranche in Zukunft zu verändern (Wirminghaus, 2018) und liefert fast täglich Neuigkeiten aus den Bereichen Forschung, Wirtschaft, Technik und Politik.

Intelligente Roboter sind derzeit noch weit entfernt davon, wirklich eigenständig handeln zu können. Sie führen stattdessen immer gleiche Aufgabenroutinen durch und werden stark vom Menschen kontrolliert. Unter ständiger Beobachtung und den kritischen Augen der Gesellschaft im Hinblick auf Ängste, die teils begründet, teils der Science-Fiction entsprangen, haben es intelligente Roboter wie Sophia und Co. nicht leicht, sich in der Gesellschaft als vertrauenswürdig und kompetent zu etablieren.

Ehrlichkeit, Transparenz und Sicherheit sind die Devise, um das Vertrauen in die Maschinen sicherzustellen. Etliche Experten der Branche oder Personen, die bereits mit künstlicher Intelligenz und Robotern in Kontakt getreten sind, sehen keine Bedrohung der Menschen durch die KI. Allerdings ist die Akzeptanz im Hinblick auf den Einsatz intelligenter Roboter in bestimmten medizinischen Teilbereichen noch sehr zögerlich. Erst wenn wir die Maschinen vollständig verstehen und ihnen und ihren Schöpfern vertrauen können, ist die Welt bereit, sie als festes Mitglied der Gesellschaft 4.0 anzunehmen.

Literaturverzeichnis

Behringer, L. (25. Januar 2018). *Milliroboter mit vielseitigem Bewegungstalent.* Abgerufen am 29. Juni 2018 von Max-Planck-Gesellschaft: https://www.mpg.de/11891860/milliroboter-antrieb-bewegung?c=2191

Bendel, O. (19. Februar 2018). *Robotik.* Abgerufen am 28. Juni 2018 von Gabler Wirtschaftslexikon: http://wirtschaftslexikon.gabler.de/definition/robotik-54198/version-277250

Bünte, O. (30. Mai 2018). *Roboter Pepper kämpft mit massiven Sicherheitsproblemen.* Abgerufen am 30. Juni 2018 von heise Security: https://www.heise.de/security/meldung/Roboter-Pepper-kaempft-mit-massiven-Sicherheitsproblemen-4060743.html

Burkhart, M. (Mai 2017). *Vertrauen in den "Robo-Doktor" - Wie künstliche Intelligenz und Robotik die Medizin verändern.* Abgerufen am 29. Juni 2018 von PricewaterhouseCoopers GmbH WPG: https://www.pwc.de/de/gesundheitswesen-und-pharma/ki-robotics-healthcare-interaktiv.pdf

da Rosa, C. C. (2013). *Operationsroboter in Aktion - Kontroverse Innovationen in der Medizintechnik.* Bielefeld: transcript Verlag.

Frey, C. B., & Osborne, M. A. (2017). The future of employment: How susceptible are jobs to computerisation? *Technological Forecasting and Social Change, 114,* S. 254-280.

Fröhlich, F. (o.J.). *MiroSurge - Telemanipulation in der minimal invasiven Chirurgie.* Abgerufen am 29. Juni 2018 von Institut für Robotik und Mechatronik: https://www.dlr.de/rm/desktopdefault.aspx/tabid-3795/16616_read-40529/

Gerstl, S. (17. April 2018). *Wenn künstliche Intelligenz zur Waffe wird.* Abgerufen am 9. Mai 2018 von Embedded Software Engineer: https://www.embedded-software-engineering.de/wenn-kuenstliche-intelligenz-zur-waffe-wird-a-706609/

Hanson Robotics. (2017). *Sophia.* Abgerufen am 30. Juni 2018 von Sophia: http://sophiabot.com

Hoyt, R. E., Snider, D. H., Thompson, C. J., & Mantravadi, S. (11. Oktober 2016). IBM Watson Analytics: Automating Visualization, Descriptive, and Predictive Statistics. *JMIR Public Health Surveill 2016, 2*(2).

IBM. (o. J.). *Deep Blue.* Abgerufen am 28. Juni 2018 von IBM 100: http://www-03.ibm.com/ibm/history/ibm100/us/en/icons/deepblue

Kaplan, D. A. (21. April 2017). *How Radiologists are Using Machine Learning*. Abgerufen am 8. Mai 2018 von Diagnostic Imaging: http://www.diagnosticimaging.com/pacs-and-informatics/how-radiologists-are-using-machine-learning

Kurzweil, R. (2005). *The Singularity is near: when humans transcend biology*. New York: Viking Books.

LivePerson. (2018). *Stimmen Sie der Aussage zu, dass Automation und automatisierte Technologien eine Bedrohung für Ihren Arbeitsplatz darstellen?* Abgerufen am 30. Juni 2018 von Statista: https://de.statista.com/statistik/daten/studie/863333/umfrage/umfrage-zur-bedrohung-des-eigenen-arbeitsplatzes-durch-automation/

Locker, T. (10. August 2016). *KI rettet Patientin das Leben, weil sie die Fehldiagnose der Ärzte korrigiert*. Abgerufen am 29. Juni 2018 von Motherboard: https://motherboard.vice.com/de/article/vv34p8/ki-rettet-patientin-das-leben-weil-sie-die-fehldiagnose-der-aerzte-korrigiert

Manhart, K. (12. Januar 2018). *KI und Machine Learning - Eine kleine Geschichte der Künstlichen Intelligenz*. Abgerufen am 28. Juni 2018 von Computerwoche: https://www.computerwoche.de/a/eine-kleine-geschichte-der-kuenstlichen-intelligenz,3330537,6

McCarthy, J. (12. November 2007). *What is artificial intelligence?* Abgerufen am 28. Juni 2018 von John McCarthy's Home Page: http://www-formal.stanford.edu/jmc/whatisai.pdf

McConnell, M. V. (19. Februar 2018). *Eyes: a window into heart health*. Abgerufen am 8. Mai 2018 von Verily Life Sciences LLC: https://blog.verily.com/2018/02/eyes-window-into-heart-health.html

Oliver, S. (18. Januar 2018). *AI 'scientist' finds that toothpaste ingredient may help fight drug-resistant malaria*. Abgerufen am 30. Juni 2018 von University of Cambridge: https://www.cam.ac.uk/research/news/ai-scientist-finds-that-toothpaste-ingredient-may-help-fight-drug-resistant-malaria

Pohlgeers, M. (9. Mai 2018). *Health-Tech-StartUps: Wie Jungunternehmen die Medizin digitalisieren*. Abgerufen am 9. Mai 2018 von Onlinehändler-News: https://www.onlinehaendler-news.de/handel/allgemein/31622-health-tech-startups-jungunternehmen-medizin-digitalisieren.html

Roboter. (o.J.). Abgerufen am 28. Juni 2018 von Duden online: https://www.duden.de/node/665307/revisions/1334690/view

Robotik. (o.J.). Abgerufen am 28. Juni 2018 von Duden online: https://www.duden.de/node/686046/revisions/1347545/view

Scherk, J., Pöchhacker-Tröscher, G., & Wagner, K. (Mai 2017). *Künstliche Intelligenz - Artificial Intelligence.* Abgerufen am 08. Mai 2018 von Bundesministerium für Verkehr, Innovation und Technik Österreich: https://www.bmvit.gv.at/innovation/downloads/kuenstliche_intelligenz.pdf

Schneider, B. (11. Februar 2018). *Mein Freund der Roboter? Künstliche Intelligenz erobert den Alltag.* Abgerufen am 9. Mai 2018 von Bayerischer Rundfunk: https://www.br.de/nachrichten/kuenstliche-intelligenz-erobert-den-alltag-102.html

SoftBank Robotics Corp. (18. Juni 2015). *SoftBank to Launch Sales of 'Pepper' - the World's First Personal Robot That Reads Emotions* . Abgerufen am 29. Juni 2018 von SoftBank Robotics Corp. Press Releases 2015: https://www.softbank.jp/en/corp/group/sbr/news/press/2015/20150618_01/

SoftBank Robotics Corp. (o.J.). *Robots - Who is NAO?* Abgerufen am 29. Juni 2018 von SoftBank Robotics: https://www.softbankrobotics.com/emea/en/robots/nao

STANDARD Verlagsgesellschaft mbH. (06. Januar 2016). *Meilensteine in der Geschichte der Robotik.* . Von derStandard.at - Forschung Spezial: https://derstandard.at/2000028487981/Meilensteine-in-der-Geschichte-der-Robotik abgerufen

THINK Surgical, Inc. (o.J.). *History.* Abgerufen am 28. Juni 2018 von Think Surgical: https://thinksurgical.com/company/#history

Turing, A. M. (1950). *Computing Machinery and Intelligence.* Mind 49.

Vaske, H. (07. August 2017). *Autonome Helfer auf Rädern erobern Werkshallen.* Abgerufen am 29. Juni 2018 von Computerwoche: https://www.computerwoche.de/a/autonome-helfer-auf-raedern-erobern-werkshallen,3331310

Voß, M. (30. Juni 2018). *Künstliche Intelligenz ist längst alltäglich.* Abgerufen am 30. Juni 2018 von mdr Aktuell Nachrichten: https://www.mdr.de/nachrichten/vermischtes/microsoft-forscht-an-kuenstlicher-intelligenz-100.html

Wadenka, C. (30. Mai 2018). *Wie Roboter Pepper bei der Pflege hilft - Erster Einsatzort in Unterfranken.* Abgerufen am 29. Juni 2018 von Main-Echo: https://www.main-echo.de/regional/kreis-miltenberg/art490820,5949510

Weizenbaum, J. (1966). *ELIZA - A Computer Program for the Study of Natural Language Communiaction between Man and Machine.* Cambridge, Massachusetts: Massachusetts Institute of Technology.

Welter, P. (5. Januar 2017). *Versicherer ersetzt zahlreiche Mitarbeiter durch künstliche Intelligenz.* Abgerufen am 9. Mai 2018 von Frankfurter Allgemeine: http://www.faz.net/aktuell/wirtschaft/japan-versicherer-ersetzt-mitarbeiter-durch-ki-ibm-watson-14605854.html

Wirminghaus, N. (1. Mai 2018). *Wie künstliche Intelligenz die Medizinbranche verändert.* Abgerufen am 9. Mai 2018 von Capital: https://www.capital.de/wirtschaft-politik/hype-und-heilung-wie-kuenstliche-intelligenz-die-medizinbranche-veraendert

BEI GRIN MACHT SICH IHR WISSEN BEZAHLT

- Wir veröffentlichen Ihre Hausarbeit, Bachelor- und Masterarbeit

- Ihr eigenes eBook und Buch - weltweit in allen wichtigen Shops

- Verdienen Sie an jedem Verkauf

Jetzt bei www.GRIN.com hochladen und kostenlos publizieren